LA
MISSION DE MADURÉ.

ÉTAT GÉNÉRAL DE LA MISSION.

Cette Mission, située dans les Indes orientales, occupe la partie la plus méridionale de la Présidence de Madras, et s'étend du fleuve Cavéry, au nord, jusqu'au cap Comorin, vers le sud. A l'est, elle est baignée par la mer, et ses limites sont, à l'ouest, la grande chaîne des Gathes. Elle comprend la côte de la Pêcherie, évangélisée par le grand saint François-Xavier, et les provinces de l'intérieur, qu'illustrèrent successivement les travaux apostoliques du P. Robert de Nobili, neveu de l'illustre cardinal Bellarmin, du bienheureux martyr Jean de Britto, et des Pères Beschi et Bouchet. Elle contient environ 150,000 catholiques sur une population totale de six à sept millions d'habitants. Quarante-trois prêtres, tous de la Compagnie de Jésus, et la plupart français, ayant à leur tête Mgr Canoz, évêque et vicaire apostolique, administrent cette Mission, dirigent ses œuvres, et travaillent à la conversion des païens. Leur personnel compte en outre dix étudiants en

1859

théologie et huit frères coadjuteurs, sans parler d'un certain nombre de catéchistes, de professeurs et de maîtres d'école.

Cette Mission est, par la miséricorde divine, dans un état consolant de prospérité. L'instruction, la piété, la fréquentation des sacrements, se répandent parmi nos chrétiens ; les schismatiques se soumettent, les protestants se convertissent, des païens sont baptisés, nos œuvres se développent et produisent une profonde sensation, nous sommes entourés de la considération générale, les magistrats anglais eux-mêmes semblent vouloir nous favoriser. En remerciant le Seigneur de ces bénédictions, nous avons donc raison d'espérer que l'avenir sera plus prospère encore, surtout si le nombre des missionnaires augmente en raison des besoins.

L'année dernière, il y a eu plus de 100,000 communions, 5,000 schismatiques se sont rendus avec leurs Eglises, plus de 400 protestants ont été ramenés, près de 500 idolâtres se sont convertis, et 4,000 enfants païens en danger de mort ont été baptisés.

ÉPREUVES DE LA MISSION.

Dans son origine, elle a passé par de rudes épreuves ; elle a supporté de fâcheuses persécutions, surtout de la part des hérétiques et des schismatiques. Aujourd'hui, quoique plus tranquille, elle est exposée aux sourdes intrigues, aux menées cachées de ses ennemis, qui se servent de tous les moyens pour entraver son action et arrêter ses progrès. Il n'est plus permis aux païens de recourir à la force ouverte pour éteindre le christianisme et faire périr ses apôtres ; mais ils suscitent d'incessantes tracasseries à ceux des leurs qui embrassent notre sainte foi. Cependant la croix du Sauveur triomphe, l'œuvre de Dieu s'accomplit, et nous marchons en avant. Mais malheureusement le choléra, les maladies, les privations, l'excès du travail, les fortes chaleurs, qui dans l'espace de vingt et un ans nous ont fait perdre trente-cinq Pères dans la force de l'âge, continuent à décimer les rangs des ouvriers évangéliques. En 1858, nous avons encore perdu quatre de nos meilleurs missionnaires : le P. Compain, du diocèse du Puy ; le P. Perrin, de Lyon ; le P. Beausoit, belge ; et le P. de Mont, de Toulouse. Il faut donc des renforts pour remplacer ceux qui ont succombé, pour soulager ceux qui, combattant depuis de longues années, ont besoin de repos, et pour remplir les nouveaux postes que nous avons conquis sur le schisme et l'hérésie. Il nous faut donc des secours pour soutenir et développer le bien commencé, pour diminuer les privations des missionnaires, et les garantir autant que possible des terribles influences du climat.

ŒUVRES

ET ÉTABLISSEMENTS DE LA MISSION.

Tout en administrant leurs 150,000 chrétiens, les missionnaires se sont appliqués à créer plusieurs œuvres, et leurs efforts n'ont point été inutiles. Nous indiquerons les principales.

Un collége-séminaire a été établi à Négapatam, ville importante sur la mer des Indes. Il compte environ cent enfants indiens, tirés des meilleures familles du pays et tous de haute caste. Il en est déjà sorti sept prêtres, huit élèves en théologie, plusieurs catéchistes et maîtres d'école, et plusieurs employés du Gouvernement.

Deux grandes écoles préparatoires ont été formées, l'une à Trichinapaly, et l'autre à Maduré. Elles comptent, la première, plus de cent élèves, et la seconde soixante. Nous avons encore plusieurs autres écoles élémentaires sur divers points de la Mission, sans parler d'un bon nombre d'autres dirigées et soutenues par des chrétiens, mais surveillées par les missionnaires.

Nous avons établi cinq orphelinats, deux pour les petites filles et trois pour les garçons, ainsi qu'une ferme-modèle pour les orphelins plus avancés en âge. Presque tous les enfants élevés dans ces établissements sont d'origine païenne ; ils sont instruits et baptisés, et deviennent de bons catholiques. Quand le temps est venu, on les marie, on leur procure quelques moyens d'existence. Voilà donc tout un avenir de christianisme qui se prépare, qui se développe. Le nombre de ces orphelins, qui s'élève déjà à plus de trois cents, pourrait être porté plus haut, si les ressources de la Mission le permettaient. Cependant, à notre grand regret, les Mahométans accaparent beaucoup de ces infortunées créatures dont nous ne pouvons nous charger, afin d'accroître par ce moyen leur secte perverse qui ne peut rien obtenir par la persuasion.

Trois petits hôpitaux ont été formés. Il s'y trouve habituellement soixante malades, nourris, traités et soignés aux frais de la Mission. Dans l'hôpital de Maduré l'on ne reçoit que des malades et infirmes païens, afin de leur procurer le bonheur de l'instruction religieuse et du baptême. De fait, un bon nombre d'idolâtres sont déjà redevables à cette pieuse industrie de leur salut éternel.

Les hôpitaux existants devraient recevoir une plus grande extension. Nous voudrions en établir de semblables dans plusieurs grandes villes. Ces œuvres de miséricorde produisent une sensation immense sur les populations païennes et préparent les voies à l'Evangile ; mais elles entraînent des dépenses qui, malgré la plus stricte économie, sont cependant au-dessus de nos forces. Néanmoins la construction et la fondation d'un hôpital pour 25 malades ne dépasseraient pas la somme de vingt-cinq à trente mille francs.

Une congrégation religieuse sous le titre de Notre-Dame des Sept-Douleurs, fondée depuis quelques années, nous fournit des sacristains et des catéchistes qui nous aident dans nos différents ministères. Ces jeunes gens font des vœux temporaires ; ils édifient les chrétientés, et nous rendent de vrais services.

Nous avons aussi établi une congrégation de religieuses indiennes, qui compte déjà trente sujets. Outre les exercices de la vie religieuse dont elles s'acquittent avec une exactitude et une ferveur surprenantes , elles s'appliquent à l'éducation des petites filles ; elles prennent soin des orphelines , et soignent les malades de leur sexe. Cette institution produit un effet merveilleux au milieu de ces populations qui considéraient le mariage comme une nécessité indispensable. Cette congrégation formera , plus tard , des établissements dans tous nos grands centres.

Nous nous proposons aussi d'établir des couvents pour les veuves, dont le sort , dans les Indes , est si déplorable. Mais sur ce point, comme sur beaucoup d'autres , nous sommes obligés d'attendre que la divine Providence nous fournisse les moyens d'aller en avant.

A Trichinapaly et à Maduré , nous avons commencé , mais dans des limites fort restreintes , des catéchuménats. Dans ces établissements , les païens qui demandent le baptême sont nourris, instruits, et éprouvés pendant un certain temps avant de le recevoir. Mais ces catéchuménats devraient être agrandis , et nous voudrions en former de semblables dans d'autres grandes villes de la Mission. Cé serait un moyen puissant d'augmenter le nombre des conversions parmi les idolâtres.

Nous avons déjà plusieurs catéchistes, entretenus à nos frais, qui remplissent avec zèle leurs devoirs et sont d'un grand secours pour les missionnaires. Nous désirerions pouvoir en former beaucoup d'autres qui s'appliquassent exclusivement à convertir les païens.

DÉVOTIONS ET OEUVRES PARTICULIÈRES.

L'Archiconfrérie du Saint et Immaculé Cœur de Marie est établie dans tous les grands centres et dans plusieurs églises de village ; elle fait partout un très-grand bien.

Le Mois de Marie se célèbre en plusieurs localités avec une ferveur et une pompe extraordinaires.

Un Manuel de l'Archiconfrérie et un Mois de Marie, composés en tamoul par l'un de nos Pères et imprimés aux frais de la Mission, ont puissamment contribué à répandre ces deux dévotions, non-seulement dans ce vicariat apostolique, mais aussi dans tous les pays environnants.

La confrérie du Sacré-Cœur de Jésus, celles de Notre-Dame des Sept-Douleurs et du Mont-Carmel comptent un très-grand nombre d'associés ; celle de la Bonne-Mort commence à se répandre et à produire des fruits précieux de salut.

La dévotion au Chemin de la Croix se pratique avec ferveur dans toutes les grandes églises.

Les chrétiens montrent en général une piété particulière envers les âmes du Purgatoire.

L'usage de faire faire en commun, et avec toute la pompe

possible, les premières communions, a été heureusement introduit, et l'on en retire des fruits très-consolants.

On a pu établir, dans quelques centres plus considérables, des congrégations particulières d'hommes, de femmes, de jeunes filles et de jeunes gens ; il y en a même de distinctes pour les classes que l'on regarde, aux Indes, comme le rebut de la société. Nous avons à remercier le Seigneur des avantages précieux que la Religion retire de ces institutions.

CONSTRUCTIONS DANS LA MISSION.

Tout était à créer au Maduré. Les grandes églises étaient aux mains des schismatiques ; les établissements fondés par les anciens Jésuites se trouvaient en dehors des circonscriptions actuelles de la Mission, et appartenaient à d'autres vicariats apostoliques. Sans reculer devant ces obstacles, et comptant sur la divine Providence, nous avons mis la main à l'œuvre. Les constructions nécessaires, entreprises et exécutées durant ces vingt années, ont été nombreuses ; elles ont absorbé de grandes sommes, comme il sera facile d'en juger par l'aperçu que nous allons donner.

A Trichinapaly, la ville la plus considérable de toute cette partie des Indes, nous avons construit une église cathédrale et une maison de résidence pour l'évêque vicaire apostolique. L'église, qui peut contenir quatre mille personnes, est une merveille pour le pays. La maison sert aussi de point de réunion pour les missionnaires des environs.

Les églises de Maduré, de Tutucurin, de Tanjaour, et quelques autres, solidement construites, sont autant de monuments qui honorent notre sainte Religion, relèvent le moral de nos chrétiens, et parlent aux yeux des païens un langage éloquent. Mais plusieurs localités centrales n'ont encore pour temples du vrai Dieu que de misérables hangars ou de pauvres masures en terre couvertes en paille, tristes réduits des serpents, des rats et des chauves-souris. C'est là cependant que s'offre le divin Sacrifice, que s'administrent les sacrements, que repose l'image de la Reine des cieux.

Le collége-séminaire de Négapatam, nouvellement construit, est un établissement qui, par sa grandeur et sa solidité, fait l'admiration des chrétiens et des idolâtres. Il est notre espérance pour l'avenir. Il renferme les classes inférieures, les humanités, la philosophie et la théologie. Mais l'entretien des professeurs et de presque tous les élèves est à notre charge. Malheureusement cette belle œuvre, n'ayant aucune ressource assurée, est exposée à de tristes vicissitudes.

Les hôpitaux, les orphelinats, et le couvent des religieuses indiennes, réclamaient des constructions adaptées à leur but : nous les avons entreprises et conduites à bonne fin.

Il est reconnu que, dans les pays chauds, l'habitation influe sur la santé plus que la nourriture elle-même. Inspirés et dominés par les circonstances et des besoins que nous regardions comme plus impérieux, nous avons trop négligé ce point important. Ce fut l'une des causes des maladies et de la mort de plusieurs missionnaires. Cependant nous avons élevé, dans quelques localités, des presbytères sains et commodes. Mais combien de Pères n'ont encore, pour s'abriter et se reposer de leurs fatigues, que d'obscurs réduits, où ils habitent souvent en compagnie des reptiles les plus venimeux et des insectes les plus dégoûtants !

Les Gouvernements anglais et français, afin de conserver les forces et la santé de leurs employés, leur accordent de fréquents congés pour revenir en Europe ou pour aller se refaire sur les hautes montagnes du pays. Plusieurs missionnaires, épuisés, retrouveraient sans doute l'énergie et la santé en retournant dans leur patrie ; mais les dépenses qu'entraînent ces voyages ne leur permettent point ce soulagement. Si nous avions au moins une maison de santé sur les montagnes, combien d'ouvriers précieux l'on pourrait conserver et maintenir en activité de service ! Mais cette maison, depuis longtemps reconnue nécessaire, jusqu'à présent nous n'avons pu la construire. Huit à dix de nos prêtres, encore dans la force de l'âge, mais épuisés de travaux, réclament ce soulagement, qui leur permettrait de travailler longtemps encore à la gloire de Dieu et au salut des âmes. Qu'il est pénible de ne pouvoir le leur accorder !

BESOINS ET CHARGES DE LA MISSION.

D'après ce qui précède, il est facile de comprendre combien sont nombreuses les charges de la Mission, combien sont grandes ses dépenses, et aussi combien elle mérite les sympathies et l'assistance de toutes les âmes généreuses. Nous pourrions, sans doute, nous abstenir de descendre dans des détails ; nous énumérerons cependant rapidement et nos charges et nos besoins.

Entretien d'un personnel de 62 prêtres, élèves en théologie, frères coadjuteurs, dans un temps où les vivres, par suite des guerres et des autres calamités publiques, ont plus que doublé de prix.

Entretien de plus de 50 catéchistes, maîtres d'école, professeurs laïcs, et congréganistes indiens.

Entretien de près de 100 élèves séminaristes au collége-séminaire de Négapatam, et d'un pareil nombre à peu près d'autres enfants dans les écoles préparatoires.

Entretien de près de 300 enfants dans les orphélinats et la ferme-modèle. Il est vrai qu'une partie de cette somme est couverte par une faible allocation que nous recevons de la Sainte-Enfance.

Entretien de 30 religieuses indiennes, ainsi que de l'école des filles qu'elles dirigent.

Entretien de 60 malades dans nos hôpitaux, avec frais de médecins et médicaments.

Entretien du matériel du collége-séminaire, des écoles, des hôpitaux, ainsi que de nos églises centrales, les chrétiens ne prenant soin que de leurs chapelles particulières.

Frais de voyage pour les nouveaux missionnaires que nos pertes nous forcent, chaque année, à faire venir d'Europe.

Achèvement de plusieurs églises déjà commencées, et construction de quelques autres jugées nécessaires. Plusieurs vastes districts, renfermant chacun plusieurs mille chrétiens, n'ont, comme nous l'avons dit plus haut, pour églises centrales que des masures construites en terre et couvertes de paille.

Construction de quelques maisons saines et solides dans des lieux où le missionnaire n'a, pour s'abriter, que des réduits sales et obscurs, tristes repaires d'animaux malfaisants.

Acquisition d'une maison de repos et de vie sur les montagnes, pour y envoyer les missionnaires malades ou épuisés de fatigues.

Etablissement d'un couvent pour les veuves, qui serait le principe de l'œuvre que nous projetons en faveur de cette classe si intéressante, mais si malheureuse, dans les Indes.

Création de nouveaux hôpitaux, de nouvelles écoles, et agrandissement de nos catéchuménats.

Formation et entretien de nouveaux catéchistes, spécialement appliqués à la conversion des idolâtres.

Impression, acquisition et diffusion de bons livres en langue tamoule.

Etablissement de quelques villages chrétiens indépendants où l'on puisse recevoir les païens et les protestants convertis, qui viendraient s'y réfugier pour se soustraire aux persécutions.

Aumônes ordinaires et extraordinaires, surtout dans ces temps de famine; frais de procès pour se garantir des vexations de certains magistrats subalternes, et pour protéger de pauvres chrétiens injustement persécutés, etc., etc., etc.

Pour supporter des charges si nombreuses et satisfaire à des besoins si urgents, notre principale, je dirai même notre unique ressource, est dans l'allocation que nous fait la Société pour la Propagation de la Foi. Le Gouvernement anglais accorde une modique subvention au chapelain qui soigne les troupes à Trichinapaly, mais ne donne pas une obole pour notre collége, nos écoles, nos orphelinats, nos hôpitaux et autres œuvres. Il n'y a dans le pays qu'une seule famille d'Européens catholiques. Nos chrétiens indigènes sont en général très-pauvres, et ne peuvent nullement contribuer à l'entretien de la Mission. Ce n'est donc que par la plus stricte économie et par des privations souvent funestes à la santé que nous avons pu la soutenir, entreprendre et développer ses œuvres, et faire les constructions indiquées plus haut. Les magistrats et officiers anglais ont souvent manifesté leur surprise de ce que, avec des moyens si restreints, nous avons pu exécuter tant de choses, tandis que leurs ministres, avec des resssources immenses, faisaient si peu.

CONCLUSION.

La gloire, le mérite et la récompense de l'apostolat n'appartiennent pas uniquement aux ouvriers évangéliques qui travaillent, combattent et vainquent dans la carrière ; les personnes pieuses et bienfaisantes qui les aident de leurs prières et les soutiennent de leurs aumônes y ont aussi une grande part. La Mission de Maduré a toujours reconnu cette vérité ; toujours elle a voué une reconnaissance sincère à ses bienfaiteurs, et, chaque mois, tous ses membres offrent le saint sacrifice de la Messe pour attirer sur eux les bénédictions du Ciel *. En leur faisant connaître le résultat de ses travaux et les succès qu'elle obtient, elle remplit un devoir, elle leur procure une consolation qu'ils sauront apprécier ; elle a la douce confiance qu'ils en béniront le Seigneur, et lui continueront leur bienveillante protection. Nous joindrons à cette Notice, par forme de *post-scriptum*, un aperçu plus détaillé de deux œuvres particulières auxquelles nous ajoutons une grande importance : l'œuvre des veuves, et celle des petits hôpitaux.

Lyon, le 15 août 1859.

L. SAINT - CYR

DE LA COMPAGNIE DE JÉSUS,

Missionnaire du Maduré.

---

* Nota. La Mission compte 45 prêtres : ce sont donc 45 messes par mois, ou 516 messes, offertes chaque année pour nos bienfaiteurs.

APPENDICE.

SUR L'ÉTAT DES VEUVES DANS LES INDES.

La Religion chrétienne respecte et honore les veuves qui consacrent leurs jours au service de Dieu et à la pratique des bonnes œuvres; elle autorise et sanctionne le mariage de celles qui veulent passer à d'autres noces. Le paganisme indien et des préjugés qui remontent à près de vingt siècles ont rendu et rendent encore leur condition bien différente dans les vastes régions de l'Hindoustan : le veuvage est regardé dans toutes les classes comme un état flétrissant, et dans les hautes castes les veuves ne peuvent jamais se remarier. Une coutume bizarre, mais impérieuse, leur défend même de s'orner de bijoux, de se parer de beaux habits, et de prendre part aux fêtes publiques et aux réjouissances de famille. Elles se voient ainsi condamnées à pleurer, dans un isolement forcé, le mari qu'elles ont perdu. La condition de celles qui n'ont point d'enfants est encore plus déplorable : elles sont également repoussées et par la famille de leur époux auquel elles n'ont point donné d'héritier, et par leurs propres parents, qui les regardent comme une charge inutile et déshonorante.

Cependant le nombre de ces infortunées est très-grand. Parmi les idolâtres, les mariages entre des enfants de 10 ans, et moins encore, sont assez fréquents. La plupart des chrétiens eux-mêmes se marient aussitôt qu'ils ont atteint l'âge prescrit par l'Eglise. D'un autre côté, les hommes pouvant se remarier plusieurs fois, et l'usage leur défendant d'épouser une veuve, il n'est pas rare de voir des vieillards plus que sexagénaires s'unir à des enfants à peine nubiles. Le concours de ces unions précoces et de ces alliances surannées, dans un climat surtout où le choléra décime régulièrement la population et sévit de préférence dans les rangs des jeunes gens et des vieillards, laisse chaque année un grand nombre de veuves à peine parvenues à l'adolescence et déjà néanmoins condamnées pour toute la vie à un célibat forcé.

Plusieurs de ces victimes infortunées ne pouvant supporter le déshonneur et les inconvénients fâcheux d'une semblable position, poussent le désespoir jusqu'à s'empoisonner ; d'autres se livrent à de honteux désordres, ou bien, renonçant à leur famille et à leur noblesse, se jettent dans les derniers rangs de la société.

Le Gouvernement anglais, ainsi que des particuliers riches et philanthropes, ont plusieurs fois tenté d'apporter remède à ce grand mal. De fortes sommes ont été promises à ceux qui épouseraient des femmes veuves : tout a été inutile. Les missionnaires catholiques ont, de leur côté, fait de grands efforts pour renverser ce malheureux usage : ils n'ont obtenu que des résultats partiels, que l'on doit cependant regarder comme une grande victoire et un heureux antécédent pour l'avenir. Ils se sont aussi appliqués à améliorer l'état de celles que des obstacles insurmontables retenaient dans le veuvage, et ils ont la consolation de voir qu'un grand nombre de celles-ci ont trouvé dans la religion des sentiments de résignation et de patience, et sont devenues par leur piété l'édification des lieux qu'elles habitent.

Il en est même plusieurs qui désirent se consacrer entiè-
rement à Dieu, et demandent à se former en communauté
religieuse. Nous ne pouvons qu'applaudir à un semblable
projet, et nous désirons vivement qu'il puisse se réaliser :
car cette bonne œuvre, une fois mise en train, produirait un
bien immense, sauverait un grand nombre d'âmes, et frap-
perait singulièrement les païens eux-mêmes. De plus, réu-
nies sous une règle commune et formées à toutes les vertus
de leur état, elles s'attireront nécessairement l'estime pu-
blique, et feront insensiblement tomber les préjugés de leurs
compatriotes et contre les veuves en général et contre celles
qui se remarient. Elles formeront, avec le temps, d'autres
Maisons, et étendront au loin les bienfaits de leur institut.
Non-seulement elles s'occuperont de l'éducation des petites
filles et des orphelines, mais elles dirigeront les hospices
pour les veuves pauvres et infirmes, chrétiennes et païennes,
que nous nous proposons de former aussitôt que la divine
Providence nous en procurera les moyens. Il est facile, d'a-
près ce court aperçu, de se faire une idée des résultats
immenses que cette institution est appelée à réaliser, et de
l'honneur qui en reviendra à notre sainte Religion.

On se figurera peut-être que, pour entreprendre cette
œuvre, de grands capitaux sont nécessaires. Il n'en est point
ainsi. Une somme de 12 à 15,000 francs suffirait pour la
commencer. Avec une somme double, l'on fonderait une
communauté de 25 à 30 religieuses. Des ressources si mo-
diques seraient insuffisantes en Europe pour oser une semblable entreprise ; mais ces pauvres Indiennes, formées à une
vie pénitente et accoutumées au travail, sauraient bien s'en
contenter.

Toutefois, ces ressources, quelque petites qu'elles soient,
où les trouverons-nous ? Nos chrétiens sont peu fortunés, la
Mission peut à peine suffire à l'entretien des œuvres déjà

établies et de ses missionnaires : elle ne peut donc songer à s'imposer de nouvelles charges, C'est pour cela que nous faisons un appel à toutes les personnes généreuses de l'Europe , et principalement aux veuves chrétiennes, en faveur d'un établissement qui offre un si grand intérèt et doit produire de si heureux résultats. Celui qui, dans nos saintes Ecritures, semble se complaire à se déclarer hautement le Protecteur de la Veuve et de l'Orphelin , ne laissera pas leur charité sans récompense.

SUR LES HOPITAUX DANS LES INDES.

L'un des premiers devoirs de la charité chrétienne a toujours été de prodiguer ses soins aux malades et aux infirmes. Cette charité a enfanté, dans la suite des siècles, ces différentes associations d'hommes et de femmes qui se sont dévouées au soulagement de toutes les misères. On a vu successivement s'élever des hôpitaux pour les malades ; des hospices pour les vieillards , les incurables ; des asiles pour les aliénés, les enfants trouvés , etc. Les filles de la Charité , création du grand saint Vincent de Paul, et les religieuses de divers instituts , rivalisent de zèle et de dévouement pour soulager, en tout temps et en tout lieu , les membres souffrants de Jésus-Christ. S'inquiétant peu de l'admiration qui les environne, elles ne songent qu'à Celui pour lequel elles travaillent, et aux âmes immortelles qu'elles cherchent à sauver en soignant des corps qui dépérissent.

Le paganisme n'a jamais rien enfanté de semblable. Si la Chine et quelques rares contrées ont tenté de créer quelque établissement de philanthropie, les malheureux que l'on voulait soulager n'y trouvaient que la froide indifférence, et plus

souvent une incurie révoltante, même des mauvais traîte-
ments qui ne faisaient qu'aggraver leurs maux. Les vastes
régions de l'Inde ont été, sous ce rapport, encore moins fa-
vorisées. Les païens ont formé des établissements pour y
recevoir et y soigner de vils animaux, mais nulle part, que
nous sachions, ils n'ont songé à recueillir les malades malheureux et pauvres, et à les placer dans des maisons de bien-
faisance pour y soulager leurs souffrances et guérir leurs
maux. Cependant, dans un pays où la famine et les épidémies
font tant de ravages, où les populations vivent dans un si
grand dénûment, le nombre des malades, des infirmes, des
incurables est nécessairement très-considérable. Ces infor-
tunés, manquant des aliments les plus grossiers, ne pouvant se procurer les remèdes les plus simples, languissent
dans des souffrances inouïes, et meurent avant le temps autant d'inanition que de maladie. Quel beau champ pour la
charité chrétienne !

Les diverses puissances européennes, qui ont successivement
pris pied dans les Indes, se sont occupées, quoique faible-
ment, il faut l'avouer, de venir au secours de tant d'infortu-
nes. Dernièrement le Gouvernement anglais a fondé, dans
quelques grandes villes, des espèces d'hôpitaux qui lui coû-
tent de grandes sommes. Mais une mauvaise administration,
et une affectation ridicule de ne point respecter les préjugés
et les usages du pays, ont arrêté et arrêteront longtemps le
bien que l'on désirait produire. C'était à la charité catholique,
qui sait se faire toute à tous, qui sait compatir à toutes les
faiblesses, à apporter un remède efficace à ces misères accu-
mulées. Dans plusieurs vicariats apostoliques on a créé de
ces établissements fondés sur les principes de cette seule vraie
charité. La Mission de Maduré en a déjà inauguré trois différents ; et, bien que les commencements en soient faibles, ils
ont produit sur les païens, sur les protestants et sur les chré-

tiens, une sensation profonde. Que de maux y ont été soulagés ! que de fidèles y ont trouvé le bonheur de faire une bonne mort ! que d'idolâtres soignés avec une affection particulière y ont ouvert leur cœur à la Religion, et parmi eux combien ont été baptisés et sont allés jouir de la félicité éternelle !

Notre désir est de multiplier ces établissements, et d'en former dans toutes les villes importantes. Nous ne voulons point élever de ces monuments gigantesques qui font la gloire de nos cités d'Europe ; nous ne prétendons point à ces fondations royales qui assurent à des milliers de malades une assistance généreuse. Quelques bâtiments simples, adaptés au climat, quelques nattes pour reposer les infirmes, quelques médicaments ordinaires pour les maladies les plus communes, les services peu rétribués de quelques Indiens charitables, en attendant que nous puissions avoir des religieuses : voilà tout ce qu'il faut pour constituer un hôpital tel que nous le concevons. Une somme de 4,000 à 5,000 francs suffirait aux constructions ; une rente de 1,200 fr. ou un capital de 24,000 fr. seraient suffisants pour l'entretien de 20 à 25 malades. La modicité de ces sommes paraîtra étonnante, mais nous parlons d'après une longue expérience. Sans doute qu'avec des ressources plus considérables l'on pourrait faire quelque chose de plus grandiose ; mais nous préférons multiplier ces petits hôpitaux plutôt que d'en créer de plus vastes. Ils exciteront beaucoup moins les craintes et les susceptibilités des populations idolâtres ou mahométanes, l'effet produit sera plus général, le bien se répandra plus au loin, un plus grand nombre d'âmes seront sauvées.

Aux temps anciens, nos aïeux créaient, à Rome, à Jérusalem, à Saint-Jacques de Compostelle, des hospices nationaux pour leurs compatriotes qui allaient visiter ces pèlerinages célèbres. Les mêmes besoins ne se font point sentir de nos jours ; mais ne serait-il pas digne de notre charité d'élever, aux lieux si remplis de l'égoïsme de la gentilité et des dédains de l'islamisme, de ees hôpitaux où vinssent s'abriter et les malades chrétiens, et les malades païens, et les infirmes de toutes les religions, afin que, en leur procurant également à tous des soins empressés, on pût les sauver tous? — Nous tirons des Indes l'indigo, le sucre, le coton, l'huile de coco, les perles, les pierres précieuses ; nous y envoyons nos vins, nos tisssus, nos produits divers : c'est une source inépuisable de richesses pour nous. Refuserionsnous d'y élever à la religion, à la charité, à l'humanité, quelque asile pour le malheur et l'infirmité?

L. SAINT-CYR

E LA COMPAGNIE DE JÉSUS,

Missionnaire du Maduré.

Lyon. — Impr. de J. B. Pélagaud.

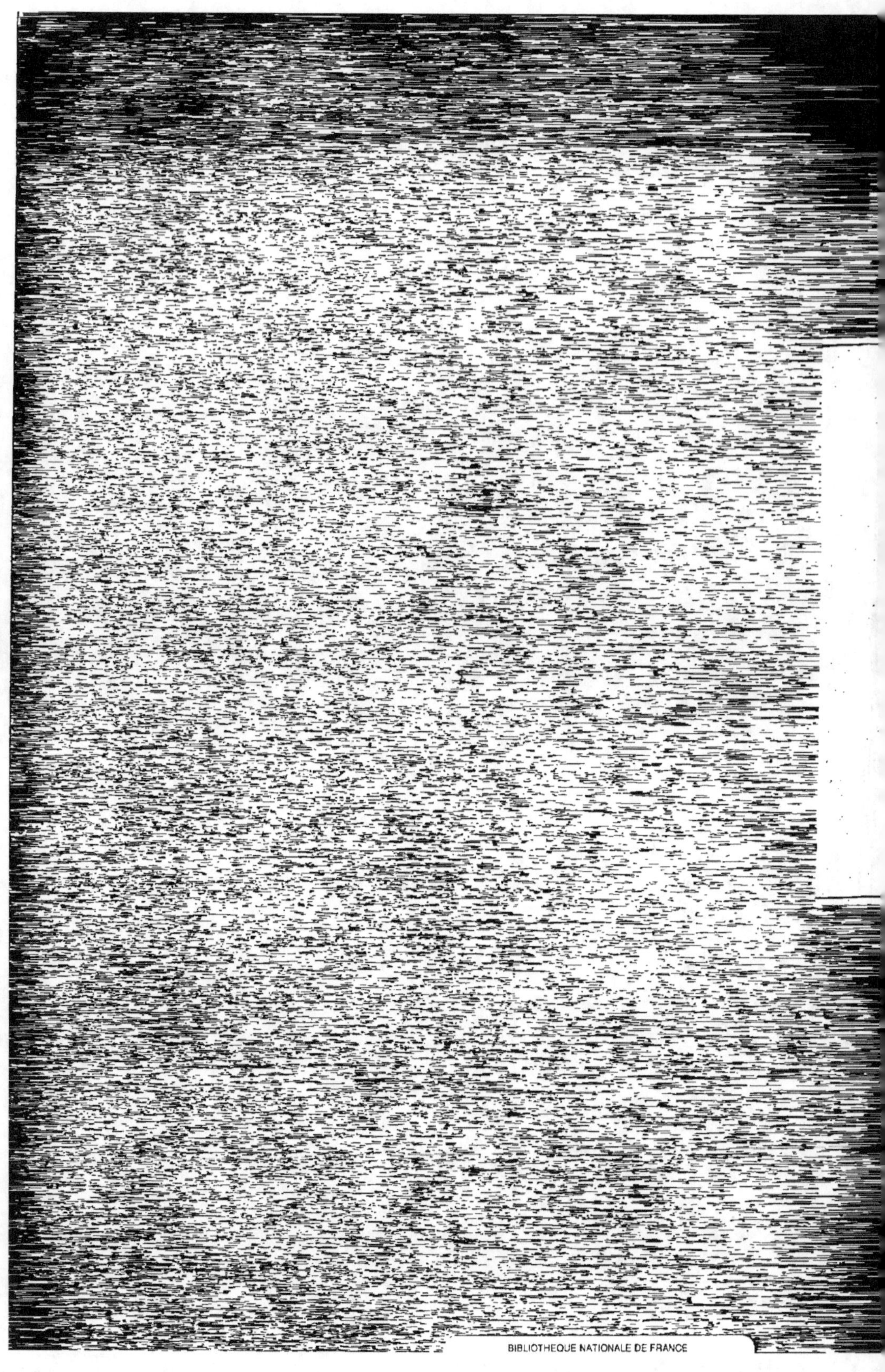